VIE

DE

SAINT MEXME

VIE

DE

SAINT MEXME

FONDATEUR DU MONASTÈRE DE SAINT-MEXME

A CHINON

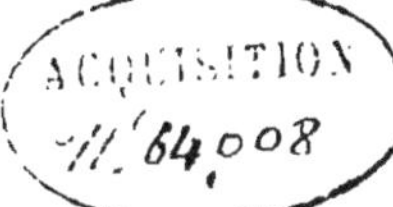

PAR G. DE COUGNY

TOURS

IMPRIMERIE DE JULES BOUSEREZ

RUE DE L'INTENDANCE, 16.

PRÉFACE.

Le pieux cénobite dont nous publions aujourd'hui la vie fut un des saints les plus éminents de l'Église de Touraine. Ami et disciple de saint Martin, il eut l'insigne honneur de recevoir de ses mains l'ordre de la prêtrise, et de puiser dans ses doux enseignements la science qui fait les saints; science grâce à laquelle il sut s'élever au plus haut degré de perfection. Les vertus, les exemples, les prédications de saint Mexme contribuèrent puissamment à la conversion des habitants du pays chinonais. Saint Martin avait jeté dans ces contrées les premières semences de la foi; saint Mexme les cultiva, les fit croître et fructifier avec une vigueur toute nouvelle; aussi un de ses biographes l'appelle-t-il à juste titre la gloire et la lumière de Chinon, *lux et honor cainonum.*

Ce qui fait la grandeur de ces hommes privilégiés

que Dieu appelle à la gloire de ses saints, c'est que chez eux se trouvent réunies toutes les vertus, élevées à leur plus haut degré de perfection. Chaque saint toutefois a sa physionomie particulière, si nous pouvons nous exprimer ainsi, chaque saint a son caractère propre qui le distingue des autres saints. Chacun de ces élus de Dieu a une vertu qui brille d'un plus vif éclat au milieu des autres vertus. Ce qui touche, ce qui émeut chez saint Mexme, c'est cette bonté simple et naïve qui se fait toute à tous; c'est ce cœur où l'amour du prochain surabonde et se manifeste à toute occasion, que rien n'arrête, et qui ne sait rien refuser ; c'est cette bonté toute aimable qui fait qu'on se sent invinciblement attiré vers lui, qui fait qu'on l'aime comme un ami, comme un père et qu'on le prie avec une confiance pleine d'espoir et de foi. Ce sentiment, nous l'avons éprouvé en écrivant la vie de saint Mexme, nous sommes persuadé qu'il sera partagé par tous ceux qui liront cette vie avec attention.

Saint Mexme a eu plusieurs biographes; le plus illustre est sans contredit saint Grégoire de Tours. Le grand évêque lui consacre plusieurs pages de son livre *De la gloire des Confesseurs*. Une autre vie de notre saint nous a été conservée par dom Housseau, qui l'a copiée lui même dans les archives de la collégiale de Chinon, sur le manuscrit original du XIe siècle. Un petit livre imprimé à Chinon en 1658 contient aussi la vie de saint Mexme; il est intitulé :

Officium proprium sanctorum et sanctarum insignis ecclesiæ collegialis, beati maximi Cainonensis. Enfin le chanoine Maan parle aussi de saint Mexme dans le remarquable ouvrage qui a pour titre : *Sancta et Metropolitana ecclesia Turonensis;* c'est en nous appuyant sur l'autorité de ces différents auteurs que nous allons essayer de retracer la vie de notre saint confesseur.

VIE

DE

SAINT MEXME

PREMIÈRE PARTIE

Saint Mexme naquit vers l'année 372 de notre ère. Il appartenait à une illustre et opulente famille de l'Aquitaine, qui l'envoya de bonne heure à la cour. pour y poursuivre la carrière si recherchée des honneurs et des dignités. Vraiment grand par son nom et par ses vertus, dit saint Grégoire de Tours, *virtutibus et nomine maximus,* la pureté de ses mœurs, la noblesse de son caractère, le plaçaient au premier rang de ses jeunes compagnons. Riche des biens de la terre, Mexme cherchait avant tout à s'enrichir de ces biens impérissables que la rouille ne ronge pas, et que les voleurs ne peuvent enlever. Dieu, qui l'avait marqué du sceau de ses élus, ne tarda pas à lui faire comprendre le néant et la vanité des choses de ce monde en l'appelant plus particulièrement à lui. Gloire, honneurs, richesses, plaisirs, le jeune Mexme quitta tout pour se donner à Celui qui a dit : « Que celui qui veut venir après moi se renonce soi-même, prenne sa croix et me suive. » Libre de tous soins et de toute préoccupation du siècle, il vola avec empressement vers la solitude et la retraite, *summa agilitate, ad heremi solitudinem pervolavit.*

A peu de distance du château de Chinon, et du côté du levant, s'étendait une vaste plaine traversée par le cours sinueux de la Vienne. Un coteau élevé la bornait au nord. C'est au pied de ce coteau, alors solitaire, que saint Mexme se choisit une retraite, et résolut de fonder un monastère. « On voit encore, dit un manuscrit du XVIIIe siècle, dans un jardin de la vicairie de saint Mexme, les vestiges du logis où le saint a passé une partie de ses jours. » C'est en vain qu'aujourd'hui l'on rechercherait les traces effacées de saint Mexme et le lieu sanctifié jadis par sa présence: vestiges et souvenirs, la révolution a tout effacé, tout emporté dans sa délirante folie.

A l'exemple de saint Martin, dont il était le pieux disciple, saint Mexme se voua avec ardeur à tous les travaux, à toutes les austérités de la vie cénobitique.

Mexme avait fui le monde pour vivre pauvre et ignoré, mais le monde vint vers lui, attiré par la renommée de ses vertus et de sa vie mortifiée. Les âmes, à cette époque, avaient soif de la vérité, et se sentaient entraînées irrésistiblement vers elle : car alors les fausses lumières du siècle n'avaient point encore fait les ténèbres dans les régions de l'intelligence. Plusieurs hommes riches et d'une naissance illustre, abandonnant le monde à l'exemple de Mexme, vinrent avec lui se fixer dans la solitude, lui offrant leur fortune et leurs biens pour bâtir son monastère.

Aidé de leurs pieuses libéralités, Mexme fit construire son abbaye, et éleva plus tard un oratoire qu'il dédia à la très-sainte Vierge, et dont saint Martin fit la dédicace.

Le saint évêque de Tours visitait souvent Candes et Chinon. Candes était, après Marmoutier, son lieu de prédilection. Il y avait fondé un monastère objet de sa constante sollicitude, et dont la direction l'obligeait à de fréquents voyages.

A Chinon, saint Martin aimait à visiter saint Mexme, à s'entretenir avec lui des grandeurs des choses du ciel et du néant des vanités humaines. Assis dans l'humble cellule de son pieux disciple, le grand évêque de Tours se plaisait à lui enseigner les voies du salut et les préceptes de la vie monastique. Mexme, aux pieds de son maître, écoutait silencieux et recueilli les enseignements qui découlaient de sa bouche inspirée : doux entretiens où Mexme puisait les leçons de la science qui fait les saints.

Saint Martin, nous venons de le dire, faisait de fréquents voyages à Candes, pour visiter le monastère qu'il y avait établi.

« Le saint pontife, dit un de nos chroniqueurs, après être demeuré quelques jours à Candes pour y vaquer à ses occupations ordinaires, avait coutume d'aller, à certaines époques, prier dans une église de la bienheureuse Marie toujours vierge, située sur les bords du fleuve de Vienne, et à dix milles du bourg de Candes (1).

« La tradition nous a appris que saint Martin avait souvent prié dans ce sanctuaire très-vénéré, et enrichi depuis longtemps des plus précieuses faveurs de la vierge Marie.

« Un jour que saint Martin se rendait à ladite église de Sainte-Marie, il rencontra le serviteur de Dieu, Mexme, qui venait au-devant de lui. Or, à cette époque, le saint évêque se disposait à se rendre en pèlerinage à Rome. Au milieu des doux entretiens du doux et spirituel amour, saint Martin, s'adressant à son disciple, lui dit : « Je ne puis te cacher, Mexme, mon frère très-cher, qu'avec la permission de Dieu, j'ai dessein de t'emmener à Rome avec moi. » A ces mots le bienheureux Mexme se prit tout d'abord à refuser, en disant. « O Père! permets-moi d'achever le monastère dont j'ai déjà jeté les fondements, non loin du château de Chinon; lorsqu'il sera terminé, prêt à obéir à tes ordres vénérés, je te suivrai partout où il te plaira de me conduire. »

« Affligé de ce refus, le bienheureux Martin se mit seul en route pour continuer son voyage. »

De son côté, saint Mexme se dispose à retourner vers son monastère. Arrivé sur le bord de la Vienne, il monte sur une barque pour gagner la rive opposée. A peine a-t-il quitté le rivage, les flots se soulèvent avec fureur. la barque, ballottée par les vents, est poussée à la dérive, et le saint est englouti dans les abîmes du fleuve.

(1) L'église de Rivières.

Les hommes qui, du haut du rivage, avaient été témoins de cette scène d'épouvante, pleurant et gémissant, se précipitent vers les bords de la Vienne.

Pendant ce temps, le bienheureux Mexme, englouti sous les flots, semblait voir l'habit de saint Martin, qui, l'enveloppant de toutes parts, retenait les eaux et le préservait de tout mal.

On dépêche de suite un messager vers saint Martin, pour lui annoncer le malheur qui venait d'arriver à saint Mexme, son disciple. A cette nouvelle, le saint vieillard sent ses entrailles tressaillir d'une douleur profonde. Il se hâte, il se presse d'accourir vers le lieu où saint Mexme avait disparu sous les eaux.

« Mexme, mon frère, dit-il d'une voix forte. — Maître, je t'entends, répond saint Mexme du fond de l'abîme. — Refuseras-tu encore de me suivre à Rome, comme je te l'ai demandé? » A peine saint Martin avait-il prononcé ces paroles, saint Mexme, soulevé du sein des flots, se présente sain et sauf aux yeux étonnés des assistants, et, se précipitant aux pieds du saint vieillard qui venait de lui sauver la vie, il lui jure de le suivre à Rome et partout où il lui plaira de le conduire. « Telles sont, s'écrie ici notre chroniqueur, dans un élan de foi naïve, telles sont, ô Dieu tout-puissant, les merveilles que vous opérez par vos saints, que vous avez élus de toute éternité, dans votre ineffable prescience, avant même que le monde fût créé. »

La relation de ce miracle nous engage à interrompre un instant notre récit, pour dire un mot du voyage de saint Martin et de saint Mexme à

Rome dont il est ici question. Aucun des historiens qui ont écrit la vie de saint Martin ne fait mention de ce voyage. Ni Sulpice Sévère, son disciple et son ami, ni saint Grégoire, son successeur sur la chaire épiscopale de Tours, ne disent un mot qui puisse corroborer le récit de l'agiographe de saint Mexme. Doit-on regarder ce récit comme apocryphe, et lui refuser toute créance? Tout en nous renfermant dans une prudente réserve à cet égard, nous n'oserions cependant rejeter complètement la relation de notre chroniqueur. Ce miracle, raconté par lui avec des détails si circonstanciés, ce miracle, opéré en présence de nombreux témoins, nous semble empreint du cachet d'une véritable authenticité.

Saint Grégoire de Tours, dans son livre *De la gloire des Confesseurs* nous dit avoir lu une vie de saint Mexme écrite en vers. Ce document contemporain peut-être de notre saint, ou du moins écrit peu de temps après sa mort, a dû sans doute servir de guide au chroniqueur du XIe siècle; et il est à présumer que c'est là qu'ont été puisés les détails du miracle opéré par saint Martin en faveur de saint Mexme, son disciple, pour l'engager à entreprendre avec lui le voyage de Rome.

Un écrivain qui, comme nous, a cherché à élucider cette question controversée, et à jeter quelque lumière sur le récit de l'agiographe de saint Mexme, a pensé qu'il y avait eu ici confusion, et que le miracle de Rivière devait se rapporter à l'un des nombreux voyages de saint Martin à la cour des empereurs, pour les besoins de l'Église ou pour implorer la grâce de quelques malheureux.

En pesant attentivement les expressions dont se sert l'hagiographe, l'hypothèse d'une confusion de sa part semble s'évanouir complètement. Il ne peut s'agir ici ni du voyage de saint Martin à la cour de Valentinien, alors dans les Gaules, ni du voyage du saint évêque à Trèves. résidence du tyran Maxime, pour s'opposer à la condamnation des Priscillianistes, ni enfin du voyage qu'il fit l'année suivante à la cour du même empereur pour solliciter la grâce des condamnés. Le but de saint Martin est ici clairement indiqué; il va, *colendæ Romæ*, pour vénérer Rome, pour porter à Rome le tribut de ses hommages, de sa soumission, de son respect, de sa piété. Car, sous la plume de l'agiographe de saint Mexme, le mot Rome a un sens multiple; il résume à lui seul ce que beaucoup de mots suffisent à peine à exprimer. Avec Rome se personnifie, s'identifie la papauté. cette grande institution dont les pieds touchent à la terre, et dont la tête est au ciel. Rome, tombeau des apôtres, Rome purifiée, sanctifiée par le sang des martyrs, illustrée par la gloire des confesseurs; Rome, cité choisie de Dieu à cause de la vocation des gentils, et où l'apôtre des gentils a versé son sang pour son Dieu; Rome, vers laquelle tendent les aspirations, l'amour, le respect, la soumission de tous les cœurs chrétiens. Le but que se proposait saint Martin est donc déterminé d'une manière précise, formelle, et ne peut, après tout, permettre de croire à une confusion quelconque de la part de l'auteur de la vie de saint Mexme.

Oui, quoi qu'il en soit, on peut croire que saint

Martin est allé à Rome. Apôtre plein de zèle, d'ardeur et de foi, fils dévoué de l'Église, ses regards et son cœur ont dû se tourner bien des fois avec amour vers cette cité sainte où Pierre a fixé le siége de la primauté, vers cette terre bénie qu'il a conquise par l'effusion de son sang, « vers Rome, où, comme le dit le grand Bossuet, fut établie la chaire éternelle, la principauté principale, l'Église-mère qui tient en sa main la conduite de toutes les autres Églises; le chef de l'épiscopat, d'où part le rayon des gouvernements; la chaire unique, en laquelle seule tous gardent l'unité; où Pierre demeure à jamais dans ses successeurs, le chef des évêques et le fondement des fidèles. »

Nous trouvons dans la chronique de Touraine, manuscrit datant du XVIIe siècle, un passage qui vient corroborer l'opinion que nous émettons ici, nous allons le citer textuellement.

« On peut croire que ce fut environ ce même temps que saint Martin fut de Trêves à Rome, peut-être pour rendre compte au pape de sa conduite dans l'affaire d'Ithacius. La vie de saint Mansuet premier évêque de Toul, dit que saint Martin fit ce voyage avec saint Mesmin ou Maximin évêque de Trêves; mais cela ne peut s'accorder avec le temps de l'un et de l'autre, puisque saint Mesmin était mort plus de vingt ans devant que saint Martin fût évêque de Tours. Il y a apparence que c'est une méprise arrivée par l'équivoque du nom, car il paraît que ce fut saint Mexme de Chinon qui accompagna saint Martin en voyage, comme nous l'apprenons d'une ancienne légende d'histoire de ce saint, qui raconte que saint Martin, étant allé de Candes visiter par dévotion un lieu dédié à la Vierge, nommé encore aujourd'hui Notre-Dame-de-Rivières, près de Chinon, il rencontra son ancien disciple de Marmoutier, qui s'était retiré en ces lieux où il avait donné le commencement à un monastère, et ils passèrent par Toul où saint Mexme prit des reliques de saint Mansuet, qu'il apporta et mit dans l'église de son monastère de Chinon, où elles ont toujours été conservées et honorées avec beaucoup de dévotion. »

Qu'il nous suffise d'avoir, en quelques mots, effleuré cette question, qui s'est présentée sous notre plume d'une manière incidente; revenons à la vie de saint Mexme, dont elle nous a distrait un instant.

Déjà la renommée publiait au loin les vertus du saint confesseur. Chacun racontait les miracles obtenus par sa puissante intercession. De près et de loin, on venait vers lui, implorant le secours de ses prières. Les malades lui demandaient la santé, les infirmes leur guérison, les âmes éprouvées par la tribulation réclamaient ses conseils et sa direction. L'humilité du pieux cénobite en fut alarmée. Il souffrait de cette espèce de gloire terrestre qui venait le chercher dans sa retraite, et que pour tout au monde il eût voulu éloigner de lui. Le calme, la paix, le silence, la vie ignorée qu'il avait recherchés en fuyant le monde, son âme inquiète redoutait de se les voir ravir. « Craignant donc, dit son biographe, de se laisser surprendre par la pensée de la vaine gloire, et voulant se cacher, il résolut de se réfugier dans le monastère de l'Ile-Barbe, près de Lyon. »

A l'Ile-Barbe comme à Chinon, saint Mexme ne put rester longtemps ignoré. La bonne odeur des vertus est comme le parfum symbolique qui coulait le long de la barbe d'Aaron, elle se répand et embaume tout ce qui l'environne. Les moines de l'Ile-Barbe le choisirent pour abbé. Ce choix surprit saint Mexme autant qu'il l'affligea. Il avait espéré que, confondu au milieu de ses frères, soumis à la règle et à la sainte obéissance, comme le moindre d'entre eux, il pourrait demeurer là humble et caché. Trompé dans ses espérances, il résolut de s'enfuir et de retourner à Chinon, abandonnant cette dignité, qui lui était comme une lourde et pénible charge.

Dieu voulut alors éprouver la foi de son serviteur. Comme il traversait la Saône, le bateau qui le portait fut submergé par les flots. Mexme, tenant suspendus à son cou le livre des Évangiles, avec la patène et le calice qui lui servaient pour la célébration quotidienne du saint sacrifice, fut englouti dans le fleuve. Mais, par la grâce de Dieu, il se trouva porté sur le rivage sans avoir perdu le précieux trésor dont il était chargé : « Afin, dit son biographe, afin que fût accomplie en lui cette parole du Psalmiste : Lorsqu'il tombera, le juste ne sera point ébranlé, parce que le Seigneur affermit sa main. »

Saint Mexme revint à son monastère de Chinon, et retrouva ses pieux disciples, que son absence avait laissés comme orphelins. Ce fut pour eux une grande joie de le revoir. Ils rendirent au Seigneur de très-humbles actions de grâces, le remerciant d'avoir ramené leur père et leur maître.

Dieu manifesta par des faveurs signalées qu'il avait pour agréable le retour de saint Mexme au milieu de son troupeau. Il lui donna avec abondance le précieux don des miracles; nous en citerons quelques-uns, qui nous ont été transmis par ses biographes.

Il y avait dans ce temps-là une femme stérile, qui, suppliant saint Mexme d'intercéder pour elle, lui promettait, s'il lui naissait un fils, de le consacrer à son service. Dieu écouta la prière de son serviteur, et cette femme eut un fils qui fut tenu par lui sur les fonts du baptême.

Un jour, suivant sa coutume, saint Mexme annonçait la parole de Dieu au peuple assemblé pour assister à la célébration de la sainte messe. Une femme éplorée fend la foule et vient se jeter suppliante à ses genoux. C'était la mère de l'enfant. « O mon père, s'écrie-t-elle, venez, venez au secours du fils que Dieu m'a donné; voilà que le démon me l'a enlevé et l'a fait périr dans les eaux. » Saint Mexme interrompt son discours et invite le peuple à prier pour cette femme. La prière terminée, Mexme prend son bâton pour soutenir sa marche chancelante, car il se faisait déjà vieux, et se hâte de se rendre sur le bord de la Vienne. Arrivé sur le rivage, il ordonne au fleuve de rendre sa victime. Le corps inanimé est aussitôt rejeté sur la rive. « Hélas! s'écrie le saint vieillard, hélas! mon frère, as-tu été assez malheureux pour quitter cette vie sans être muni du précieux viatique du Christ? » Le saint répète à plusieurs reprises ces paroles avec gémissement. L'enfant alors ouvre les yeux comme s'il se fût réveillé d'un profond sommeil, et répond à l'homme de Dieu : « N'est-ce pas toi, très-saint prêtre, qui m'as engendré au Seigneur, en me tenant sur les fonts du baptême? — C'est moi, répondit saint Mexme. — Voici, dit l'enfant, voici que tes prières et l'abondance de tes larmes me rendent sain et sauf à ma mère. »

Lorsque saint Mexme revenait de sur les bords du fleuve, un aveugle-né, nommé Dominique, se mit à le suivre, attiré par le bruit du miracle qui venait de s'opérer. Il entre avec lui dans son monastère, et il y reste enfermé trois mois presque entiers, dans les jeûnes et dans les prières. Ému de compassion, l'homme de Dieu oint son front avec de l'huile bénite, en y imprimant le signe de la croix, et il lui ouvre les yeux au nom du Seigneur.

A quelque temps de là, une femme possédée de trois démons lui est amenée; saint Mexme, faisant avec de l'huile sainte le signe de la croix sur son front, chasse les démons qui habitaient en elle. Il délivra de même, une autre fois, une jeune fille et un enfant.

La puissante intercession de saint Mexme se manifesta d'une manière éclatante, dans une occasion mémorable, que l'histoire a recueillie : c'était en 463.

Battus près d'Orléans par le général romain Ægidius, les Visigoths étaient venus se renfermer dans les murs du château de Chinon. Ægidius les poursuit; à son approche, les habitants du pays fuient leurs demeures et se réfugient dans la forteresse; saint Mexme est avec eux.

A la vue de cette redoutable citadelle, posée comme le nid d'un aigle sur le sommet d'un rocher escarpé de toutes parts, bordé de précipices, et défendu par la Vienne, qui semble en cet endroit se rapprocher du coteau par un long circuit, comme pour l'entourer de ses replis, Ægidius comprend qu'il ne pourra l'emporter d'assaut. Il trace une vaste circonvallation, plante ses tentes sur les plateaux voisins, et se décide à en faire le siége. La famine seule pourra le rendre maître de la place.

Un puits profond, qui descend jusqu'au niveau de la Vienne, fournit aujourd'hui une eau abondante au château de Chinon. A cette époque. il paraît qu'il n'en était pas ainsi. Le seul puits qui existât au château, et probablement le même que celui que nous voyons aujourd'hui, était alimenté par une source située sur le versant du coteau opposé, dont les eaux étaient amenées par des conduits souterrains.

Ægidius a découvert cette disposition cachée; un traître, un transfuge peut-être, lui ont livré ce secret; il fait couper les canaux qui, à travers le flanc de la montagne, conduisaient l'eau au château, et met ainsi le puits complètement à sec.

Parmi les assiégés, le désespoir fut à son comble. Voyant donc le peuple et la garnison dévorés par une soif ardente, sans avoir une goutte d'eau pour l'étancher, saint Mexme sentit son cœur ému de compassion. Il passe la nuit entière dans la prière et dans les larmes, suppliant le Seigneur d'avoir pitié de son peuple. Dieu fit savoir à son serviteur que sa prière avait été exaucée. Rassemblant donc dès le matin le peuple et la garnison, il leur dit : « Que tous ceux d'entre vous qui ont des vases les apportent sur la place et invoquent le Seigneur, car aujourd'hui il vous donnera de l'eau en grande abondance, et vous en aurez de quoi vous désaltérer, vous et vos enfants. »

A peine le saint vieillard avait-il prononcé ces prophétiques paroles, le ciel se couvre de nuages, le tonnerre retentit avec un épouvantable fracas, les éclairs sillonnent la nue et illuminent l'horizon de sinistres lueurs. La pluie tombe avec abondance et apporte un soulagement inespéré aux malheureux assiégés.

Cet orage eut quelque chose de tellement terrible, de tellement inaccoutumé, que les Romains, frappés d'une terreur soudaine, se hâtèrent de lever le siége, et s'enfuirent à pas précipités, comme poursuivis par le feu de la colère divine.

Le peuple du pays chinonais regagna paisiblement ses demeures, bénissant le Seigneur, qui l'avait sauvé des mains des ennemis, et glorifiant Mexme, son serviteur, à la prière duquel il devait son salut.

Comme nous l'avons dit dans un autre endroit (1), la levée de ce siége acheva d'anéantir la puissance des Romains en Touraine. Clovis devait bientôt porter de plus rudes coups à leur domination dans les Gaules, en fondant cette belle monarchie française, qui s'appela le royaume très-chrétien.

(1) Notice historique et archéologique sur le château de Chinon.

Saint Mexme se faisait vieux ; naguère nous l'avons vu avec douleur s'appuyer sur son bâton pour se rendre, à peu de distance de son monastère, sur les bords de la Vienne, où l'appelait une mère désolée. Ses forces l'abandonnaient, et pourtant il ne se relâchait en rien de sa vie austère et mortifiée. Depuis le jour où, fuyant le monde, il s'était donné à Dieu, jamais il n'avait mangé ni viande, ni lait, ni œufs, ni poisson, ni même de fruits. Un peu de pain trempé dans de l'eau, et assaisonné quelquefois de sel, telle était sa nourriture ordinaire. L'eau était son seul breuvage, et il s'était interdit l'usage du vin, du cidre, et de toute autre liqueur enivrante. Tout son temps était consacré à la prière, et si parfois il dérobait quelques instants à ce pieux exercice, c'était pour se livrer à la lecture ou à la transcription des manuscrits. L'humilité de saint Mexme était si profonde, qu'il s'estimait le dernier d'entre ses frères. L'amour de Dieu consumait son cœur, et sa charité était sans bornes. Tous ceux qui souffraient trouvaient près de lui un paternel accueil, et jamais il ne refusa le secours de ses prières à ceux qui venaient l'implorer.

Le temps était arrivé où Dieu allait l'appeler à lui. L'heure de sa mort lui fut révélée par une faveur toute particulière de la bonté divine. Sachant donc que dans trois jours il allait s'endormir dans la paix du Seigneur, il refusa toute nourriture. Uniquement occupé des douces pensées du ciel, le cœur surabondant d'une joie toute céleste, il s'écriait avec le Prophète : « Mon âme bénira le Seigneur en tout temps, et ma bouche célébrera sans cesse ses louanges. » Malgré la faiblesse et l'abattement qui, d'ordinaire, précèdent cette heure suprême, où la vie va s'éteindre dans les froides étreintes de la mort, le saint vieillard distribuait encore, d'une voix calme et sereine, ses paternels enseignements à ses disciples réunis autour de lui.

« O père, s'écriaient-ils au milieu des larmes et des sanglots, ô père, pourquoi nous abandonnes-tu? A qui confieras-tu désormais tes enfants devenus orphelins, et privés ici-bas de toute consolation? » Et comme le saint vieillard avait pour eux des entrailles pleines de charité, il les consolait par de douces et saintes paroles. De sa voix défaillante il les exhortait à aimer Dieu de toute leur âme, de toutes leurs forces; à aimer le prochain et à pratiquer la chasteté, l'humilité et toutes les autres vertus chrétiennes.

Sentant enfin approcher le moment si ardemment désiré où son âme, quittant son enveloppe mortelle, allait s'envoler dans le sein de Dieu, il appelle un de ses disciples et lui ordonne d'aller préparer sa tombe. Il se fait alors étendre sur un lit de cendres et revêtir d'un cilice; puis, les yeux levés au ciel, dans une muette extase, il exhale son dernier soupir.

Ses disciples placèrent son corps dans un sarcophage de pierre, et le déposèrent dans la basilique dédiée à la bienheureuse Vierge Marie, sous le vocable de son assomption, et qui, plus tard, prit le nom de saint Mexme.

Ainsi s'éteignit saint Mexme, plein de jours et de vertus, couronnant par la mort des saints une vie tout entière employée au service du Seigneur. Le Seigneur se plut à rendre glorieux le tombeau de son serviteur en l'illustrant par de nombreux et éclatants miracles. Nous en rapporterons quelques-uns, dont le récit nous a été transmis par ses agiographes.

DEUXIÈME PARTIE

MIRACLES DE SAINT MEXME.

Un jeune enfant, appartenant à une famille de coliberts de l'église métropolitaine, tomba dans un état tellement désespéré, que l'on croyait sa mort prochaine. Ayant été transporté dans l'église de Saint-Mexme, la fièvre le quitta aussitôt, et il fut complètement rendu à la santé. Une jeune fille de famille également esclave, était atteinte d'une cruelle maladie; à peine eut-elle été déposée près de la grille qui entourait le tombeau du saint confesseur, qu'elle fut guérie presque subitement. « La renommée de ces miracles étant parvenue jusqu'à nous, dit saint Grégoire de Tours, auquel nous empruntons ce récit, nous donnâmes cet enfant à l'abbaye de Saint-Mexme, après avoir ordonné qu'on lui coupât les cheveux, *humiliatis capillis*, et ayant fait quitter à la jeune fille les habits du siècle, nous voulûmes qu'elle entrât dans un monastère de vierges pour y servir le Seigneur. »

Une femme de famille honorable, et renommée par sa sagesse et par ses bonnes mœurs, habitait à Chinon une maison qui lui appartenait en propre. Animée d'une tendre dévotion envers saint Mexme, elle aimait à aller souvent dans l'église qui lui était consacrée, pour y prier Dieu dans les soupirs et dans les larmes. Or, une nuit, il arriva que le saint confesseur lui apparut en songe. «Va, lui dit-il, et recommande aux clercs de ne plus permettre aux femmes de pénétrer derrière les grilles du sanctuaire. Recommande-leur aussi de chanter les matines aux jours des fêtes de la sainte Vierge et de tous les Saints, après avoir terminé les offices du jour.» N'ajoutant point foi aux paroles qu'elle avait entendues en songe, cette femme négligea de se conformer à l'ordre qu'elle avait reçu. Saint Mexme lui apparut le lendemain et la nuit suivante, et lui renouvela la recommandation qu'il lui avait faite, la menaçant d'un châtiment sévère si elle refusait encore d'y obtempérer. L'effet de cette menace ne se fit pas attendre. Cette femme se trouvait un jour dans la basilique de Saint-Mexme, où elle avait prié avec ferveur; le saint sacrifice terminé, elle voulut se retirer en même temps que le reste des fidèles, lorsqu'elle sentit une force surnaturelle et comme divine qui la retenait et la forçait de demeurer dans le temple. Étonnée, trois fois elle essaye de sortir, et trois fois la même force la retient à sa place. La main du Dieu tout-puissant l'avait frappée, ses jambes affaiblies s'étaient repliées sur elles-mêmes, et à peine pouvait-elle, en rampant, se traîner sur les dalles du temple. Elle fut contrainte alors de confesser publiquement la désobéissance dont elle s'était rendue coupable, et qui lui avait mérité ce châtiment. Cette femme demeura un certain temps dans cet état de faiblesse, et pendant ce temps, prosternée nuit et jour devant le tombeau de saint Mexme, elle le suppliait de lui rendre la santé. Une nuit enfin, le saint confesseur lui apparaît : « O femme, lui dit-il, pourquoi ces prières continuelles? lève-toi, et rends-toi en toute hâte dans l'église de Saint-Martin de Candes; là seulement tu obtiendras de la bonté infinie de Dieu qu'il te rende la santé et te guérisse de ton infirmité. » Docile à la parole qu'elle avait entendue, cette femme se rend à Candes, et par les prières du bienheureux saint Martin, elle obtint sa guérison, suivant la promesse qui lui avait été faite.

La bienfaisante intercession de saint Mexme se manifestait d'une manière toute particulière dans une cruelle maladie, commune dans ce temps-là, le *mal des ardents*. On n'a jamais ouï dire qu'un malade ait invoqué vainement sa protection. Cette vertu toute spéciale était connue dans tout le pays d'alentour, et une grande affluence de peuple avait coutume de se presser sans cesse autour de son tombeau.

C'est ainsi que deux femmes, l'une de Saint-Maixent, l'autre de Saumur, toutes deux atteintes du mal des ardents, ayant entendu raconter les vertus merveilleuses du saint confesseur, vinrent l'invoquer dans l'église qui lui était dédiée. L'une et l'autre furent délivrées du feu qui les dévorait, et s'en retournèrent publiant partout les grâces infinies de Dieu et les louanges de saint Mexme.

Bernard, surnommé le Bon, prêtre d'une éminente vertu, et animé d'une vive dévotion envers saint Mexme, avait entrepris de réédifier son église et de la rétablir dans un état plus convenable. Après avoir dépensé, dans cette œuvre pieuse, sa fortune presque entière, il avait mis son vin sur un bateau et l'avait envoyé à Nantes, afin de le vendre plus cher, et d'en employer le prix à l'achèvement de la basilique. A peine était-il entré dans le port, le bateau est envahi par les officiers de la comtesse (1), qui veulent remplir de vin plusieurs outres qu'ils avaient apportées dans cette intention. Les bateliers s'y opposent, au nom de Dieu et de saint Mexme. Sans avoir égard à leur résistance, les officiers les repoussent avec violence, et percent les tonneaux avec des tarières afin d'en tirer du vin. Mais, ô prodige, le vin ne coule pas; il s'est solidifié et a pris comme la dureté du métal. Les officiers font tous leurs efforts pour le faire jaillir des tonneaux, leurs efforts sont inutiles, leurs tentatives sont vaines. Étonnés et confus, ils sont obligés de renoncer à leur projet. Tout le peuple qui, du rivage, avait été témoin du miracle, se mit à glorifier à haute voix le grand saint Mexme, qui avait ainsi défendu son propre bien contre l'iniquité des envahisseurs.

L'employé des gabelles de la comtesse se hâta d'aller lui rendre compte du prodige qui venait de s'opérer. Celle-ci lui commanda de porter tout de suite au bateau de saint Mexme le prix du vin qu'elle lui avait auparavant ordonné de prendre sans paiement. Les officiers qui avaient ainsi osé porter une main téméraire sur le vin de Bernard le Bon furent presque aussitôt atteints de diverses infirmités. Ne doutant pas que ce ne fût une punition

(1) La comtesse Judith.

de leur faute, ils se vouèrent au saint qui les avait frappés. Quelques-uns se rendirent en pèlerinage à son tombeau ; ceux qui ne purent faire ce voyage portèrent sur le navire des torches de cire de la longueur de leur corps et les attachèrent au mât, afin qu'arrivés à Chinon, les bateliers les déposassent dans l'église de Saint-Mexme. Ils furent tous rendus à la santé. Leur punition et leur guérison miraculeuse rendirent également témoignage à la vertu et à la puissance du saint confesseur.

Un habitant de Nantes, ayant entendu raconter les merveilles opérées par l'intercession de saint Mexme, s'en vint prier sur sa tombe avec sa femme et son fils. Lorsque leur pèlerinage fut accompli, ils reprirent le chemin de leur pays en passant par le bourg de Candes. Là, s'étant arrêtés pour prendre leur repas, ils mangèrent et burent abondamment, après quoi ils continuèrent leur voyage. Entre Candes et Retz, village depuis longtemps réuni à celui de Montsoreau, la route passait sur un rocher dont le sommet élevé dominait au loin les rives de la Loire. Séduits par le calme et la solitude qui régnaient en ce lieu, appesantis peut-être aussi par les vapeurs du vin généreux qu'ils avaient bu en grande abondance, les pèlerins s'éloignèrent à quelques pas de la route, et s'abandonnèrent au sommeil. L'enfant s'était, pour dormir, couché sur le bord d'un rocher, dont le flanc taillé à pic formait au-dessous de lui comme un profond précipice. Dans son sommeil, et sans songer à la position périlleuse dans laquelle il était placé, il veut se retourner, et glissant du haut du côteau, il est précipité sur les bords de la Loire. A cette vue, les parents, hors d'eux-mêmes, se lèvent en toute hâte et descendent par un sentier jusqu'au pied du coteau. Ils cherchent leur fils, et le trouvent gisant sur le rivage, dans un état semblable à la mort. Alors le malheureux père se prend à gémir et s'écrie : « O saint Mexme, c'est pour obtenir le bonheur et la santé que je suis venu vers toi, et voilà que mon fils est mort ou bien près de mourir. Non, je ne pourrai croire que ta protection soit puissante auprès de Dieu, si tu ne viens au secours de mon enfant, et si tu ne le sauves d'un si pressant danger. » O prodige merveilleux! pendant que le père et la mère épanchaient ainsi leur profonde douleur, leur fils, qu'ils croyaient mort, se lève plein de vie et de santé.

Le cœur touché d'une vive reconnaissance, ils reprennent le chemin de Chinon pour venir remercier celui qui venait de sauver leur enfant. « O saint Mexme, s'écria le père, ô saint Mexme, je crois et je publierai partout que tu es un grand saint, et qu'avec la grâce de Dieu tu peux venir en aide à tous ceux qui auront recours à toi, dans tous les maux et dans tous les accidents de la vie. »

Un autre habitant de Nantes avait une femme qui était aveugle depuis de longues années, et cette femme lui était très-chère. Ayant entendu raconter les miracles qui s'opéraient par l'intercession de saint Mexme, il résolut de venir prier sur son tombeau, avec quelques amis, ses enfants et sa femme, pour demander sa guérison. Comme ils étaient demeurés plusieurs jours à Chinon sans obtenir la faveur qu'ils imploraient, ils résolurent de retourner dans leur pays. Arrivés dans le village de Rivières, la femme dit à ses compagnons de voyage : « Oh ! que j'ai un ardent désir de revenir à saint Mexme. » Ceux-ci lui répondirent : « Nous y sommes demeurés longtemps, et nous n'avons rien obtenu, à quoi nous servirait de nous y rendre de nouveau ? » La femme, s'étant retournée, leur dit : « Quel est donc cet édifice élevé que je vois dans le lointain ! » Ceux-ci, étonnés d'un miracle si inopiné, l'interrogent et lui disent : « Est-ce que vous le voyez avec vos yeux ? » Je vois, leur répondit-elle, je vois cet édifice élevé, et tout ce que vous apercevez vous-mêmes avec vos yeux. » Alors tous pleins de joie, ils revinrent à Chinon, et se rendirent à la basilique de Saint-Mexme pour remercier le grand saint de la faveur éclatante qu'il avait obtenue pour cette femme. Or, il arriva que ce jour-là on fêtait la nativité de saint Jean-Baptiste. Archambaud (1), archevêque de Tours, était présent et célébrait le saint sacrifice de la messe. A l'approche de la femme qui avait recouvré la vue et de ses compagnons, la nouvelle du miracle se répandit, et aussitôt il s'éleva une grande rumeur parmi le peuple. Les clercs qui présidaient au chœur s'efforçaient de rétablir le silence, suppliant les assistants de ne point troubler le pontife, dans un moment aussi solennel. La messe achevée, l'archevêque s'informe d'où venait le bruit qu'il avait entendu. On lui répond que c'était une femme que tout le monde avait vue aveugle la veille, et qui venait d'être

(1) Archambaud de Seuilly, appelé faussement de Sully, par une traduction fautive du mot Sulliaco.

guérie de sa cécité par les vertus et par les mérites du confesseur saint Mexme. Entendant cela, et voyant de ses propres yeux que la chose qu'on lui avait dite était vraie, le pieux pontife rendit grâces à Dieu et le remercia de ce qu'il avait permis qu'il fût témoin d'un miracle opéré par l'intercession d'un saint dont il avait tant de fois entendu publier les vertus. A partir de ce moment, il témoigna plus de dévotion à l'église de Saint-Mexme, et lui donna de nombreuses preuves de sa libéralité.

Geoffroy, comte d'Anjou, retenait prisonnier au château de Chinon un chevalier nommé Geoffroy. Celui-ci, sous le poids de ses chaînes et dans les angoisses de sa captivité, invoquait avec ardeur la protection de saint Mexme. Or, il advint qu'un jour, animé d'une confiance surnaturelle, il dit à ses gardiens : « Demain j'irai prier sur la tombe de saint Mexme. » Étonnés d'une résolution aussi hardie, les gardiens lui répondent avec menaces qu'ils sauront bien l'en empêcher.

Le lendemain, à la vue de tous, Geoffroy se rend à la sainte basilique, suivi de ses gardiens. Pendant la nuit, Dieu avait changé les cœurs de ces hommes, la veille encore si intraitables. Arrivé près du tombeau, Geoffroy court se précipiter aux pieds de saint Mexme, implorant sa puissante protection. O merveilleux effet de la prière! aussitôt ses fers se brisent avec fracas et vont frapper la voûte du tombeau du saint confesseur. A la vue de ce prodige, les gardiens s'écrient : « Que fais-tu là, Geoffroy? — Je reste avec saint Mexme, mon patron, leur répondit-il d'une voix calme et assurée; jamais plus je ne retournerai avec vous. » Les gardiens se hâtent de remonter au château pour annoncer au comte l'événement dont ils viennent d'être témoins. Celui-ci refuse de les croire; suivant lui, saint Mexme n'a pu accorder sa protection à un homme aussi méchant que Geoffroy. Il ne se laisse convaincre que lorsqu'il a vu de ses propres yeux les fers brisés et l'anneau qui les fermait. Ce prodige n'apaisa pas la colère du comte d'Anjou; il ordonna à ses gardes de veiller aux portes du temple, afin d'empêcher Geoffroy d'en sortir ou de recevoir des aliments.

Toujours préoccupé de la crainte de perdre son prisonnier, le comte, quelques jours après, donne des ordres plus sévères. « Les prêtres lui donnent à manger, dit-il; allez dans l'église, et gardez-le de telle manière qu'il ne puisse prendre ni nourriture ni breuvage. » Trois hommes vigoureux sont chargés de cette mission. Ils le surveillent avec l'attention la plus rigoureuse; se promenait-il, ils se promenaient avec lui; s'arrêtait-il, ils s'arrêtaient aussi; s'il s'asseyait, ils s'asseyaient; se reposait-il, il les trouvait encore reposant à ses côtés. Sept jours se passèrent ainsi, sans que Geoffroy eût pris aucune nourriture. Le huitième jour, qui était un dimanche, quelqu'un lui donna un fruit, Geoffroy le porte aussitôt à ses lèvres; mais au même moment, un des gardiens, nommé Bernier, lui arrache de la bouche le morceau qu'il avait commencé à manger. Ceci se passait à l'heure de la messe du matin; le peuple qui, ce jour-là, se pressait en foule dans l'église, à cause de la solennité, le peuple pleurait sur le pauvre prisonnier.

Épuisé par un si long jeûne, bien qu'il affirmât n'éprouver ni faim ni soif, Geoffroy sentait que sa dernière heure approchait. Voulant donc se préparer à ce moment suprême, il demanda à recevoir le sacrement de pénitence et le viatique des mourants. Gauthier, chefcier de Saint-Mexme, d'heureuse mémoire, se rend aussitôt à son désir. « O fidèles du Christ, ouvrez les oreilles de votre esprit et de votre corps, et écoutez avec foi les merveilles de votre Dieu.

La nuit qui suivit le jour où ces choses s'étaient passées, le prisonnier était dans l'église, couché sur un tapis, et ses gardes près de lui. Tout à coup, ceux-ci sont frappés d'une terreur soudaine; il leur semble, comme ils l'avouèrent eux-mêmes, il leur semble qu'une main invisible, les saisissant par les cheveux, les enlevait jusqu'à la voûte du temple et les laissait retomber sur la terre. Ils se disaient l'un à l'autre : « Où donc est Geoffroy? » L'un répondait : « Il est ici ; » l'autre disait : « Il n'y est pas. » Celui-ci tirait le tapis, celui-là sa tunique et ses chaussures qu'il avait laissées, et chacun d'eux disait : « Je tiens le prisonnier. » Pendant ce temps, Geoffroy s'échappait sans qu'on pût savoir par quelle voie il s'était enfui. En parcourant l'église avec des flambeaux, les gardes trouvèrent toutes les portes fermées, et les clefs dans l'endroit où on les avait déposées le soir.

Dès le matin, le prévôt du château, nommé Bernier, fait publier par un héraut l'ordre de rechercher le prisonnier à travers les bois et les rochers, par les montagnes et par les vallées, et jusqu'au fond des précipices. Mais saint Mexme, qui autrefois avait mis en fuite Ægidius assiégeant le château de Chinon, en le frappant d'épouvante par le bruit du tonnerre et des éclairs, saint Mexme protégea celui qui avait eu recours à lui, en envoyant une tempête si terrible, que jusqu'au milieu du jour, personne n'osa sortir de sa demeure pour aller à sa poursuite. « Plusieurs témoins, dignes de foi, existent encore, ajoute l'hagiographe, qui pourraient attester la véracité de ce récit. Qui, d'ailleurs, pourrait ne pas le croire? Le Seigneur n'a-t-il pas dit, par la bouche de son prophète : « Il a crié vers moi et j'exaucerai sa prière; je suis avec lui dans la tribulation et je le sauverai du péril. » Et ailleurs : « Tout ce que le Seigneur a voulu, le Seigneur l'a fait, dans le ciel, sur la terre, dans la mer, et jusqu'au fond des abîmes. » Comment Dieu n'aurait-il pas écouté celui qui, la veille, avait reçu son précieux corps et invoqué un de ses saints bien-aimés. »

Geoffroy n'oublia pas le bienfait dont il était redevable à saint Mexme. A quelque temps de là, il vint à son tombeau pour le remercier et lui payer le juste tribut de sa reconnaissance. Les clercs de l'église et quelques autres personnes l'ayant aperçu, lui demandèrent avec instance comment il avait pu échapper à la garde sévère dont il était entouré. Voici ce qu'il leur répondit : « Je ne sais rien de plus que ce que je vais vous dire : La nuit où le Dieu tout-puissant a bien voulu me sauver, je me trouvai, en m'éveillant, couché sous l'orme qui est devant l'église. Un vieillard à cheveux blancs qui semblait venir du côté de l'église du bienheureux martyr saint Étienne, s'approcha de moi, et me dit : « Ne crains rien ; lève-toi et suis-moi. » A sa vue, je fus tout d'abord saisi de frayeur ; mais ensuite, plein de joie, je lui obéis et me mis à le suivre. Lorsque nous fûmes arrivés à la pile qui se trouve sur les bords de la Loire, (1) apercevant un autre vieillard à cheveux blancs, qui conduisait une barque, mon guide lui dit : « Transporte, je te prie, cet homme sur l'autre rive. » Je montai sur la barque. Lorsque nous fûmes à une certaine distance de la terre, je regardai vers le rivage, mon premier guide avait disparu. Nous traversâmes le fleuve, et je retournai dans mon pays. »

Ici se termine la relation de notre chroniqueur. Le récit de ce dernier miracle, ce récit si simple, si naïf, est empreint d'un charme indéfinissable. On sent, on voit que le narrateur était encore en écrivant sous l'impression profonde du prodige dont il avait été témoin. En lisant ces détails si précis, si circonstanciés, d'une vérité si saisissante, on se sent, pour ainsi dire, reporté à huit siècles en arrière, et on croit suivre des yeux les touchantes péripéties de la délivrance du chevalier Geoffroy. Ne croyez-vous pas voir dans la pénombre de la nuit, ne croyez-vous pas voir ce guide mystérieux, ce vieillard à cheveux blancs qui, de l'église Saint-Étienne, se dirige vers Geoffroy, étendu sous l'orme de Saint-Mexme. Vous le voyez, il s'avance, il lui parle, il le conduit, il le fait échapper aux poursuites de son puissant ennemi.

(1) La Pile de Cinq-Mars.

Ce vieillard, vous l'avez reconnu à sa noble figure, à sa bonté touchante. C'est lui que nous avons vu naguère, courbé par les années et appuyé sur un bâton, se rendre en toute hâte sur les bords de la Vienne, où l'appelait une mère éplorée. C'est lui que nous avons vu étendu sur la cendre, les yeux et les mains levés vers le ciel, consoler ses disciples réunis autour de son lit de mort. Nous avons reconnu saint Mexme, et, le cœur saisi d'une émotion profonde, nous nous sommes en esprit inclinés devant lui en lui disant : « Bon saint Mexme, bénissez-nous. »

TROISIÈME PARTIE

MONASTÈRE DE SAINT-MEXME.

Le tombeau de saint Mexme continua d'être en grande vénération et d'attirer un nombreux concours de pèlerins, jusqu'à l'année 1562, époque à laquelle la ville de Chinon ayant été prise par les protestants, les reliques du saint furent brûlées et jetées au vent par ces intolérants sectaires.

Il peut se faire toutefois que quelques parcelles du corps de saint Mexme aient échappé à la fureur des calvinistes.

Dom Housseau rapporte que les chanoines de Saint-Masce, de Bar-le-Duc, honoraient saint Mexme comme leur patron, et prétendaient posséder ses reliques. Cette prétention était appuyée sur une charte de l'année 1022, rapportée par les Bénédictins dans les Preuves de l'histoire de Lorraine. « Un chevalier, dit cette charte, ayant fait construire un oratoire, dans le château de Bar, sous l'invocation de la très-sainte Vierge, du martyr saint Étienne, et de tous les saints, l'enrichit plus tard des reliques du pieux confesseur saint Mexme, apportées du pays de Touraine. *Postea ipse decoravit consecratum oratorium de reliquiis pretiosissimi confessoris Maximi ex Turonicis partibus divina dispositione delatis.* »

Les chanoines de Saint-Masce prétendaient posséder le corps entier de saint Mexme. Cette prétention était évidemment erronée; tous les documents s'accordent pour constater que le corps de saint Mexme demeura à Chinon jusqu'à l'année 1562. Dom Housseau démontre la cause de cette erreur; elle provenait d'une fausse interprétation du mot *reliquiis*, qui ne signifie pas ici le corps entier, mais seulement une portion du corps.

Avec la grâce de Dieu et la protection de son saint confesseur, le monastère de Saint-Mexme prit un rapide accroissement. La piété des fidèles l'enrichit d'abondantes donations. De nombreux et fervents chrétiens venaient demander à prendre l'habit monastique et à s'enrôler dans la sainte milice des serviteurs de Dieu. Le nombre des moines s'éleva quelquefois jusqu'à cent. Dom Mabillon rapporte qu'ils suivaient la règle de saint Benoît.

L'auteur de la vie de saint Germain, évêque de Paris, nous apprend que ce saint prélat s'arrêta dans le monastère de Saint-Mexme, lorsqu'en 560 le roi Clotaire l'envoya vers sainte Radegonde, alors à Poitiers. L'abbé qui gouvernait le monastère se nommait Flammenius.

On rapporte aussi que Robert, abbé de Saint-Florent de Saumur, étant tombé malade dans le monastère de Saint-Mexme, y mourut, et fut enterré dans l'église.

L'abbaye de Saint-Mexme eut beaucoup à souffrir des invasions des barbares aux IXe et Xe siècles. Dom Huines, dans son histoire manuscrite de l'abbaye de Saint-Florent, nous apprend, en effet, que les monastères de Saint-Louans et de Saint-Mexme de Chinon furent ruinés par les hordes normandes, qui, à cette époque, ravagèrent plusieurs de nos plus riches provinces. Les moines de Saint-Mexme étaient tombés dans une grande pénurie; les revenus de l'abbaye ne pouvaient suffire à leur entretien et à leur nourriture. Théotolon, archevêque de Tours, eut pitié de leur dénûment. A la prière d'Élie, abbé du monastère, il exempta leur église des droits appelés *sinodum et circadum*, et de tous autres droits qui pourraient être perçus par les archidiacres à raison de leurs fonctions; et cela, dit la charte qui consacre cette libéralité, à cause de leur pauvreté. Cette charte est du mois de mai de l'année 939. Il donna en même temps à l'abbaye plusieurs héritages, pour subvenir à la nourriture et à l'entretien des religieux.

Malgré la bienveillante protection et les généreuses libéralités de l'archevêque Théotolon, le monastère de Saint-Mexme ne put sans doute se relever de l'état de ruine ou l'avaient plongé les invasions des barbares. Il est à croire que ses pieux hôtes l'avaient abandonné, chassés peut-être par les hordes normandes ou par un ennemi presque aussi implacable, la misère, lorsqu'à la fin du xe siècle, Archambauld de Seuilly résolut d'y établir un collége de chanoines. Le généreux prélat pourvut à leur subsistance en les dotant libéralement de ses propres biens. L'acte de donation fut approuvé par le roi Robert en l'année 990.

Plusieurs historiens ont disserté sur l'époque probable de la sécularisation de l'abbaye de Saint-Mexme, et aucun que nous sachions n'a assigné à cet événement sa véritable date. Toute indécision est impossible, suivant nous, en présence de la charte de 990. Nous y voyons Archambauld de Seuilly supplier le roi Robert de confirmer la donation qu'il venait de faire aux chanoines *établis par lui* dans le monastère de Saint-Mexme : *Canonicis* (*sancti Maximi*) *quos in ejusdem sancto monasterio constituerat*. Archambauld de Seuilly monta sur le siége archiépiscopal de Tours en 986, c'est donc entre cette date et celle de l'acte que nous venons de citer que l'on doit placer la sécularisation du monastère de Saint-Mexme.

Dans ces temps, les colléges de chanoines étaient assujettis à une règle commune, conformément aux prescriptions du concile d'Aix-la-Chapelle, tenu en 816. Ils vivaient retirés du monde, sans être toutefois liés par des vœux. Ils habitaient un même cloître, mangeaient à la même table, et vaquaient ensemble à la prière et aux exercices spirituels.

Ces statuts durent être ceux de la collégiale fondée par Archambauld de Seuilly. Le nombre des chanoines fut fixé à quatorze, puis réduit plus tard à douze. Une des prébendes supprimées servit à l'entretien de quatre enfants de chœur, quatre enfants d'aube, comme on disait autrefois. Le treizième chanoine était le principal du collége; plus tard, il ne fut plus que chanoine honoraire.

Le chef du chapitre s'appelait le chefcier ; il était à la nomination de l'archevêque de Tours. Ce titre lui donnait le droit d'officier aux grandes fêtes et de présider les quatre chapitres généraux. Il y avait en outre un théologal, un promoteur, et un écolâtre, chargé de faire l'école aux clercs.

En prenant possession du monastère de Saint-Mexme, les chanoines durent songer tout d'abord à reconstruire leur église, qui se trouvait dans le plus triste état de délabrement. La nef actuelle, malgré la transformation qu'elle a subie, offre en effet à l'extérieur tous les caractères des constructions du xe siècle : pierres de petit appareil, séparées par une couche épaisse de mortier, fenêtres étroites, sans colonnes, et surmontées par une archivolte garnie de billettes.

Nous ne croyons donc pas nous écarter de la vérité, en attribuant aux premiers chanoines de Saint-Mexme la construction de la nef principale de l'église collégiale. Nous pouvons même ajouter que ce travail dût avoir lieu peu de temps après leur installation dans le monastère. Nous allons bientôt voir Bernard, surnommé le Bon, agrandir cette église en construisant le porche avec les deux tours qui l'accompagnent.

Dans le récit si intéressant des miracles de notre saint confesseur, nous avons vu le bon prêtre Bernard dépenser la plus grande partie de sa fortune pour augmenter l'église de Saint-Mexme. Désirant achever l'œuvre qu'il avait commencée, Bernard envoie son vin à Nantes, dans l'espoir d'en tirer un prix plus avantageux. Les officiers de la comtesse de Nantes veulent s'emparer d'une partie de ce vin, mais ils en sont empêchés par le miracle que nous avons rapporté plus haut. Ce simple récit nous permet de fixer d'une manière presque certaine l'époque de l'achèvement de la basilique de Saint-Mexme. Nous voyons en effet qu'à l'époque où se passa cet événement, le comté de Nantes était possédé par une femme. Or ceci ne peut s'appliquer qu'à Judith, qui tint ce comté depuis l'année 1051 jusqu'à 1064. C'est donc entre ces deux dates que l'on doit placer l'achèvement de l'œuvre entreprise par Bernard. Le porche, le narthex, les deux tours, à part quelques reconstructions et réparations du XVe siècle, portent, en effet, le cachet des constructions de la première moitié du XIe siècle. L'archéologie rend ici témoignage à la véracité de la chronique, comme, de son côté, la chronique vient prêter son appui à l'archéologie.

Nous sommes tenté de croire que les deux bas-côtés, aujourd'hui démolis, faisaient partie de la construction première, celle du Xe siècle. Ce qui semble le prouver, c'est l'existence d'un oculus, ou fenêtre en œil-de-bœuf, dans le mur oriental de la tour romane qui fait face au nord. Cet oculus, condamné lors de la construction du porche, servait à éclairer le bas-côté avant que ce porche ne vînt en quelque sorte l'aveugler, en s'appuyant sur la façade primitive.

Puisque nous parlons du porche de Saint-Mexme, disons que les douze médaillons, aujourd'hui mutilés, qui ornent la façade, représentaient un zodiaque, ou les douze mois de l'année. Quant aux larges dalles, également mutilées, qui se trouvent appliquées sur la même muraille, le sculpteur du XIe siècle y avait figuré plusieurs scènes de la vie de Notre-Seigneur et surtout sa Passion. On y voyait

Judas pendu à un arbre, et le diable, sous la forme d'un animal hideux, soutenait les pieds de l'apôtre déicide.

On nous pardonnera cette légère excursion sur le domaine archéologique; nous avons pensé que ces quelques détails ne seraient point sans intérêt pour le lecteur, et, du reste, ne tiennent-ils pas, par plus d'un côté, à l'histoire du monastère?

Les souverains pontifes et les archevêques de Tours se plurent à doter la collégiale de Saint-Mexme de faveurs toutes particulières. Le pape Alexandre III la prit sous sa protection spéciale, et lui accorda le privilége de relever immédiatement du saint-siége. Barthélemy, archevêque de Tours, créa les chanoines curés primitifs de toutes les paroisses de la ville, et leur donna le droit de nommer des vicaires amovibles, chargés de desservir les églises de Saint-Étienne, Saint-Maurice et Saint-Jacques. Ces droits furent maintenus et sanctionnés par une bulle du pape Lucius III, en date du 17 octobre 1181. La nomination du chefcier appartenait à l'archevêque de Tours; mais le chefcier devait être choisi parmi les chanoines.

Sous l'épiscopat de Joscius, archevêque de Tours, les vicaires amovibles prétendirent se soustraire à l'autorité du chapitre, et se maintenir dans les paroisses malgré leur révocation; Joscius prit parti pour les vicaires. Une députation de la collégiale se rendit auprès du pape Alexandre III pour réclamer sa protection. Le saint-père donna des lettres de commission à l'évêque de Poitiers pour le charger de juger le différend; celui-ci donna gain de cause au chapitre, et Joscius fut obligé de se soumettre à sa décision.

En 1185, de nouvelles contestations s'élevèrent encore; le pape Urbain III adressa un rescrit au prieur de Sainte-Radegonde de Poitiers, en lui enjoignant de procéder par voie de censure contre ceux qui oseraient troubler le chapitre de Saint-Mexme dans l'usage de nommer des vicaires amovibles. En 1397, l'archevêque de Tours, Ameil du Breuil, essaya, comme quelques-uns de ses prédécesseurs, d'empiéter sur les immunités du chapitre, et tenta de le soumettre à sa juridiction. Ce différend fut porté en cour de Rome; il se termina par une transaction entre l'archevêque et Gautry, procureur du chapitre. Il fut convenu que le seigneur-archevêque, allant dans les églises Saint-Étienne, Saint-Maurice, Saint-Jacques et Saint-Martin, dépendant de la collégiale de Saint-Mexme, y donnerait la bénédiction au peuple la croix levée. Les vicaires amovibles étaient de droit chanoines honoraires de Saint-Mexme.

Ces luttes entre les archevêques de Tours et la collégiale se renouvelèrent fréquemment, et toujours elles se terminèrent par la reconnaissance des droits du chapitre. En 1701 pourtant, Mgr d'Hervault obtint une transaction, à la suite de laquelle la collégiale se soumit à sa juridiction, en conservant tous ses autres priviléges.

Ces priviléges, le chapitre de Saint-Mexme se montra toujours jaloux de les conserver et de les défendre contre toute usurpation C'est ainsi qu'en 1071, une prébende étant venue à vaquer, l'archevêque Raoul fit des démarches auprès du chapitre, pour obtenir qu'elle lui fût accordée. Le chapitre aquiesça à sa demande; mais, craignant que les successeurs de l'archevêque ne voulussent plus tard faire tourner cette concession en coutume, il eut soin de se faire donner préalablement un écrit par lequel Raoul reconnaissait que la prébende lui était accordée uniquement par la bonne volonté du chapitre.

La collation de ces prébendes donna lieu à un différend entre l'archevêque de Tours et les chanoines de Saint-Mexme; ceci se passa en 1197. Toutefois, un accord survint entre les parties, par l'entremise de Luc, abbé de Turpenay; M. Prieur, de Saint-Florent de Saumur, et Albert de Relay, prévot de Huismes.

On lira avec intérêt la charte qui confirme cet accord ; elle renferme de curieux détails.

« Lorsqu'une prébende deviendra vacante dans la collégiale de Chinon, le chefcier et le chapitre la confèreront à une personne idoine; et, aussitôt qu'il se pourra, présenteront cette personne à l'approbation de l'archevêque, comme à celui à qui appartient l'approbation ou la désapprobation. A moins de raisons valables, l'archevèque ratifiera le choix du chapitre. Si celui qui a été pourvu de la prébende est un clerc de la collégiale et a une stalle au chœur, il conservera cette stalle jusqu'à la présentation et l'approbation. Il n'aura, toutefois, voix au chapitre, et part aux oblations et aux émoluments de sa prébende, que lorsque sa nomination aura été approuvée. Si celui qui est nommé ne fait point partie du chœur de la collégiale, il pourra siéger à la première, à la seconde, à la troisième ou à la quatrième place; mais il ne prendra possession de sa stalle qu'après l'approbation du seigneur-archevêque.

« Quant au sceau du chapitre, qui, assure-t-on, n'en avait point eu jusqu'à l'époque actuelle, il a été décidé que le chapitre, ainsi qu'il en a fait la demande, aura l'usage d'un sceau particulier, qui lui sera accordé par le seigneur-archevêque. Deux chanoines de la collégiale, savoir : Payen de Parilly, et Archambault de Langeais, gardiens de ce sceau, se sont rendus par-devant l'archevêque et ont juré, en sa présence et en présence de son chapitre, de le garder avec fidélité. Lorsqu'il y aura lieu de remplacer les gardiens dudit sceau, ils feront le même serment au seigneur-archevêque, s'il est présent, et, en son absence, au chefcier du chapitre de Chinon.

« Tous ont juré de se conformer de bonne foi au présent accord, savoir : Payen de Parilly; Geoffroy de Parilly; Me Raymond de Saint-Épain; Girard Tortus; Maurice de Potard, senieur de Langeais; Archambault de Langeais; Pierre de Mexme; Villerotus; Guillaume de Rasey, et Me Régnault de Saint-Épain. Et, afin d'éviter à l'avenir toute contestation, nous avons fait écrire les présentes lettres, que nous avons fait revêtir de notre sceau; l'an de grâce 1197. Les témoins sont : Me Philippe, doyen de Saint-Martin d'Angers, Me Guérin, chapelain du seigneur-archevêque, et plusieurs autres. »

Plusieurs des chapelles fondées en l'église de Saint-Mexme étaient à la nomination de l'archevêque de

Tours. C'est ainsi qu'il nommait le chapelain de la chapelle de Saint-Sauveur; ce chapelain était son homme-lige, et devait un droit de vingt sols à mutation d'archevêque. Il nommait aussi le titulaire des chapelles suivantes : celle fondée par J. du Temple; celle fondée par la veuve Michel l'Huillier; celle fondée par Jean Petit-Vilain, demeurant rue de l'Épau.

Nous avons vu Archambauld de Seuilly venir, par ses pieuses libéralités, au secours des chanoines qu'il avait établis dans le monastère de Saint-Mexme; le généreux archevêque eut de nombreux imitateurs. Grâce à leurs dons, le chapitre de Saint-Mexme put subsister pendant huit siècles, jusqu'à l'époque où la révolution vint chasser les chanoines pour s'emparer des biens qu'ils devaient à la munificence de leurs bienfaiteurs. Nous citerons les principaux donateurs dont les noms nous ont été transmis par des documents authentiques.

Foulques, comte d'Anjou, payait aux chanoines de Saint-Mexme un cens annuel de quinze sols, comme l'avaient fait ses prédécesseurs; pour le salut de son âme, de celles de son oncle et de ses autres parents il porte le cens à vingt sols: cette rente était assise sur les tours du château de Chinon, et devait se payer le jour de la Nativité de Notre-Seigneur. La donation fut faite dans le chœur et devant l'autel de l'église de Saint-Mexme, en présence de Robert le Bourguignon; Geoffroy, maître d'hôtel du comte Foulques; Raignauld Maingodus; Robert de Blois et Siébrand.

Vers 1140, Ravenus donne à Saint-Mexme pour

le rachat de ses péchés un alleu situé à Lescare, en Anjou.

Au commencement du XIIIe siècle, Geoffroy de Belvère et Florie, sa femme, fondent une chapelle dans l'église collégiale de Saint-Mexme: il y aura une chapelle supérieure, et une chapelle inférieure pour servir aux sépultures.

Pour les desservir, ils instituent deux chapelains auxquels ils donnent la terre appelée l'arpent de *Sainte-Marie*, situé au carrefour de Rivières; trois œuvres de terre, joignant l'héritage de la dame de la Haye; huit sols de cens sur la terre de Jean de Malet de Bourgueil; puis la moitié des quarts de Baustelle, situés à Buquesteau. Les témoins de cette donation furent : Luc, abbé de Turpenay; Philippe Aymeri, Me du Pommier-Aigre; Guillaume de la Rajace, et Geoffroy le Noble, prévôt de Chinon.

Le chapitre de Saint-Mexme avait un fief dont la juridiction s'étendait sur une partie de la ville; il y avait moyenne et basse justice ressortissant au bailliage royal. De son côté, l'archevêque de Tours possédait la baronnie de Chinon, et de ce fief dépendaient les deux tiers de la ville. En 1218, il survint une contestation entre l'archevêque et les chanoines, au sujet des droits de justice et de viguerie. Nous transcrirons encore ici une charte pleine d'intérêt contenant l'accord survenu entre l'archevêque de Tours et le chapitre; on y trouvera de curieux renseignements sur les mœurs et les usages de cette époque.

« A tous les fidèles, Guillot, chefcier, et tout le chapitre de Chinon, salut éternel en Notre-Seigneur.

« Sachent tous, présents et à venir, qu'un différend s'étant élevé entre notre vénérable Père Jean, archevêque de Tours, et nous, au sujet de la viguerie de nos hommes, ce différend a été aussi terminé par la médiation d'hommes honorables. La justice, le vol, les blessures et les meurtres appartiendront au seigneur-archevêque. Si deux hommes se disputent, et si l'un d'eux vient à tuer l'autre, lorsque le meurtrier pourra prouver qu'il était dans le droit de légitime défense la connaissance de la cause nous appartiendra, et viendra en notre cour. S'il reconnaît, au contraire, avoir tué son adversaire sans juste motif, et s'il est démontré en droit qu'il est coupable, le jugement de cet homme appartiendra au seigneur-archevêque, et lui appartiendront aussi ses effets mobiliers. Toute autre viguerie sur nos hommes nous demeurera sans contestation. Si un duel a été adjugé dans notre cour, nous pourrons retenir ce duel par-devant nous, en traitant d'un accomodement par assignation de trois délais; si nous parvenons à un accomodement, la redevance nous appartiendra. Si nous ne pouvons accomoder les parties, nous ou notre mandataire, nous rendrons vers le mandataire ou le prévôt du seigneur-archevêque, et nous lui ferons connaître les termes de l'accomodement proposé par nous; s'il le trouve juste, le prévôt de l'archevêque retiendra le duel par-devant lui, et si les parties viennent à composition, la moitié des quinze sols appartiendra à l'archevêque, et l'autre moitié à nous. Si, au contraire, le duel vient à avoir lieu, le seigneur-archevêque aura soixante sols sur celui qui viendra à succomber, et nous, sept sols et demi. Tous les droits qui sont dûs avant que les parties en viennent au combat nous appartiendront.

« Si un voleur vient à être pris sur notre terre, nous le ferons juger, et toutes les choses mobilières de ce voleur nous appartiendront. Après l'avoir jugé, nous le livrerons avec les vêtements qu'il portait au moment de son arrestation, — si les vêtements lui appartiennent, — pour que le prévôt de l'archevêque ou son mandataire fasse exécuter le jugement. Si quelque objet a été volé, il sera rendu par les mains de notre mandataire.

« La mesure du seigneur-archevêque aura cours sur notre terre; son crieur criera la vente du vin, et il percevra le droit accoutumé sur notre fief. Si nous ou notre mandataire venons à découvrir une fausse mesure, l'amende nous appartiendra; si, au contraire, c'est le prévôt de l'archevêque qui la découvre, il percevra l'amende due à raison de cette fausse mesure. Et afin qu'il ne survienne à l'avenir aucune contestation sur les droits ci-dessus mentionnés, nous avons fait écrire les présentes lettres, que nous avons fait revêtir de notre sceau; l'an 1218 et le dixième de la consécration du seigneur-archevêque. »

Le roï Charles VII, en 1428, annexa à la collégiale de Saint-Mexme la maladrerie royale fondée par les rois ses prédécesseurs. Aux termes de cette concession la collégiale était chargée de pourvoir perpétuellement à l'entretien de cette maladrerie, où devaient être reçus les gens du roi et de la reine atteints de la lèpre. Cette annexion devait en outre servir à l'entretien d'une psallette déjà établie antérieurement, mais non rentée, et composée d'un maître de chant et de quatre enfants de chœur.

Nous avons dit plus haut que les chanoines de Saint-Mexme étaient curés primitifs de toutes les paroisses de la ville. A ce titre ils avaient droit de visite archidiaconale dans les églises de Chinon, sans avoir besoin d'une commission de l'archevêque.

La collégiale était en même temps la paroisse mère, la paroisse principale de la ville, et les autres églises n'en étaient en quelque sorte que les succursales. C'était à Saint-Mexme que se faisaient les prières publiques, l'ouverture des jubilés, les processions, et que se chantaient les *Te Deum* d'actions de grâces. Les communautés religieuses et les curés des autres paroisses devaient s'y rendre pour assister à ces cérémonies; dans ces occasions les curés ne portaient point l'étole.

Aux jours des fêtes de Saint-Martin, de Sainte-Radegonde, de Saint-Jacques, de Saint-Maurice et de Saint-Étienne, le chapitre se rendait processionnellement à ces églises, et y célébrait un office solennel. Les chanoines avaient également le droit d'y officier aux quatre fêtes annuelles, à titre de curés primitifs.

L'église collégiale était desservie par trois curés hebdomadiers, chargés de dire la grand'messe tour à tour; ces curés étaient chanoines honoraires. Il y avait en outre un évangéliste en titre, pour remplir la fonction de diacre.

Avant l'établissement du séminaire de Tours, le chapitre était obligé de faire enseigner la théologie aux élèves qui se destinaient à la prêtrise. Les chanoines devaient également prêcher ou faire prêcher, dans leur église, aux fêtes du saint nom de Jésus, de la sainte Vierge, et de saint Mexme.

Dans les cérémonies publiques, le maire de la ville occupait la première stalle à gauche du chœur, et la première stalle de droite appartenait au chefcier.

Il existait à Saint-Mexme un usage assez singulier, et dont on ne connaît ni l'origine, ni le motif : le chœur du chapitre ne répondait point aux chants des officiants, excepté aux grandes messes. Un autre usage bien touchant s'était maintenu jusqu'à l'époque de la révolution. Le vendredi saint, après le service divin, on descendait processionnellement le très-saint Sacrement dans la chapelle souterraine. Là on le plaçait sur l'autel recouvert d'un suaire, en mémoire de la mort de notre Sauveur. Le dimanche de Pâques dès l'aurore, le chœur se rendait dans la crypte, et rapportait triomphalement les saintes espèces dans l'église supérieure, au milieu des cantiques d'allégresse et en chantant, *Surrexit Dominus*, etc.

En rappelant ici les anciens usages de la collégiale de Saint-Mexme, nous ne devons pas en oublier un qui s'était perpétué jusqu'au commencement du XVIIIe siècle, et qui témoignait de la vénération des chanoines pour la mémoire de leur saint patron. Un historien de la ville de Chinon rapporte que tous les ans, sur l'invitation du chapitre, les descendants de l'antique famille de Saint-Mexme venaient assister aux cérémonies de la fête de ce saint. Ils étaient reçus avec honneur, et des places distinguées leur étaient réservées dans l'église collégiale. Les derniers membres connus de cette famille se nommaient de Goret; ils habitaient le Poitou (1).

Les canonicats et les cures de la ville étaient à la nomination et à la collation du chapitre en vertu de son droit de patronage. A la mort d'un chanoine, toutes les églises étaient obligées de sonner le glas funèbre, comme à la mort de leur propre curé.

Les revenus du chapitre s'élevaient à quinze mille francs, qui se partageaient entre trente-cinq bénéficiers. Les canonicats valaient six cents francs. Le chapitre possédait des domaines, des dîmes et des rentes dans la plupart des paroisses voisines. Il avait en outre des droits seigneuriaux et toutes les censives du canton de Saint-Jean dans la banlieue de Chinon, par concession du roi Charles VII. Son fief s'étendait sur une partie de la ville, et notamment sur l'auditoire royal.

Nous avons précédemment parlé de la construction primitive de l'église de Sainte-Mexme, et nous avons cherché à en déterminer l'époque. Cette étude ne serait pas complète si nous ne disions quelques mots de la construction du chœur, qui eut lieu vers la fin du XVe siècle. Ce que nous en dirons, n'offre plus maintenant qu'un intérêt historique. Le chœur et le clocher ont été démolis, et il n'en reste aujourd'hui aucun vestige. La crypte où reposèrent pendant plus de dix siècles les reliques du saint fonda-

(1) En 1618, il existait à Poitiers un Louis Goret, exerçant la charge de conseiller assesseur au présidial, et un René de Goret des Saules était doyen des conseillers au présidial, en 1654.

teur de l'abbaye a complétement disparu ; des constructions du xve siècle il ne reste plus que la porte du narthex et son archivolte, la fenêtre qui la surmonte, l'étage supérieur de la tour de gauche et la tour de droite presqu'en entier.

Nous empruntons à *La Sauvagère* (journal de Verdun), le passage suivant, qui nous donnera quelques renseignements sur les parties actuellement disparues de l'ancienne église de Saint-Mexme.

« Il n'y a que le chœur qui soit remarquable par l'élévation de sa voûte et la manière dont l'ensemble en est traité. C'est un morceau adapté à l'ancienne église. On y voit les armes de France sculptées et ornées du collier de saint Michel, ce qui prouve que cet édifice s'est fait du temps du roi Louis XI. Et ce qui constate encore plus qu'on le doit rapporter à la libéralité du prince, c'est qu'il y a au jambage droit de la porte de la sortie du chœur, du côté de l'évangile, les armes de France accolées mi-partie à celles de Savoie. L'on sait que le roi Louis XI avait épousé en secondes noces Charlotte de Savoie. Ce n'est donc point Charles VII qui a fait bâtir le chœur, comme les chanoines le racontent. »

Parmi les reconstructions du xve siècle, nous avons signalé la tour de droite dans laquelle on pénétrait du dehors par une porte bâtarde aujourd'hui murée. Le rez-de-chaussée de cette tour était occupé par une chapelle servant de baptistère, et communiquant avec le narthex. Cette chapelle était ornée de peintures murales dont une partie a échappé jusqu'à ce moment à la destruction complète qui les menace d'un jour à l'autre. Dans la partie orientale, on aperçoit encore trois anges soutenant les instruments de la passion. Du côté opposé, l'artiste a représenté le crucifiement. Le Christ est suspendu à la croix, au pied de laquelle se trouvent d'un côté Marie Madeleine portant un vase de parfums, et de l'autre Marie l'Égyptienne enveloppée dans sa longue chevelure, et portant à la main une banderole où se trouve inscrite une légende. Le pied de la croix repose sur un bassin dans lequel coule par quatre jets continus le sang du divin Crucifié.

La figure de sainte Madeleine est accompagnée de la légende suivante :

O vous pécheurs quérant à Dieu pardon,
De vos péchés voesy la vraie fontaine
De laquelle sourt grâce à grant bandon ;
Où chacun peut laver sa coulpe vaine,
Comme j'ai fait Marie Madelaine
Questoye souillée de péchés, lès et ors :
Nette j'en suis de tout point save et saine,
Venez y donc et croyez mes recors.

Marie l'Égyptienne tient à la main cette seconde légende :

C'est ici cun chacun doet venir
Laver de cœur en grant dévocion
Tous les péchés, pour net en devenir
A la fontaine qu'est de remission :
Comme j'ai fait en grant dévoxion
Moy Égyptienne qui de péchez avoye
Tant que c'estait abominacion,
Or, en suis nette, si vous montre la voye.

A droite et à gauche de la croix se trouvent la lune et le soleil.

Le mur septentrional est couvert d'une magnifique composition représentant le jugement dernier.

Le souverain Juge est assis au sommet d'un arc-en-ciel, ses pieds reposent sur un globe. Il est nimbé et vêtu d'un manteau de pourpre qui laisse à découvert la plaie de son côté. Le Christ a une attitude calme et pleine de majesté ; ses bras élevés et étendus montrent les plaies de ses mains. Deux anges soutiennent d'une main la croix et de l'autre les instruments de la passion. A droite et à gauche du Sauveur se trouvent deux groupes d'apôtres, de vierges et de saints ayant à leur tête d'un côté la vierge Marie et de l'autre saint Jean-Baptiste. Au-dessous de cette première composition on aperçoit les damnés à gauche, précipités dans l'enfer par des démons, et à droite des élus conduits par des anges vers la céleste demeure. Deux anges placés sous les pieds du souverain Juge sonnent de la trompette, tandis que l'archange saint Michel armé d'une croix, pousse les damnés dans les feux éternels.

Nous devons compléter cette étude en disant quelques mots sur la chape connue sous le nom de chape de Saint-Mexme. Voici ce qu'en dit dom Housseau dans ses notes manuscrites sur la collégiale.

« On conserve au trésor de cette église une chape fort antique que l'on prétend avoir servi à saint Mexme. C'est une espèce de manteau sans couture d'un satin épais de couleur bleue, ornée de léopards jaunes et rouges enchaînés deux à deux par la gueule. »

Cette chape précieuse a échappé au vandalisme

révolutionnaire ; elle est conservée dans l'église de Saint-Étienne. Suivant un ancien usage, le prêtre officiant avait coutume de s'en revêtir le jour de la fête de saint Mexme, et de la porter à la procession qui précédait la messe. Il nous souvient d'avoir vu des fidèles la baiser avec respect, en s'inclinant sur le passage du prêtre. Cet usage ne subsiste plus depuis une trentaine d'années.

La chape de saint Mexme a attiré l'attention des savants, et elle a été le sujet de nombreuses dissertations, il y a quelques années. On a reconnu une étoffe orientale, qui, d'après un rapport lu à l'académie des inscriptions et belles-lettres, paraît remonter seulement au XIe ou XIIe siècle.

Nous terminerons ce travail en transcrivant un curieux et intéressant document que nous trouvons dans dom Housseau, relativement à l'église de Saint-Mexme.

« Il y a environ trente ans qu'en réparant l'autel de Saint-Mansuet, situé derrière le chœur, l'on trouva en creusant, un tombeau de pierre où était renfermé un coffre de bois d'environ un pied et demi de longueur, lequel en contenait encore un autre petit de bois lié avec des joncs aussi verts, que si l'on venait de les cueillir. Après l'avoir ouvert, on y trouva des ossements avec une inscription latine, *hic sunt reliquiæ apostolorum*, et des morceaux d'une étoffe semblable à celle de la chape de saint Mexme, qui paraissaient aussi beaux que s'ils étaient nouvellement faits. On remit ces ossements dans le même tombeau, après en avoir dressé un procès-verbal dont il y a un double dans le trésor, et l'on a rebâti l'autel que l'on a jugé être aussi ancien que l'église. »

A quels apôtres appartenaient les reliques découvertes sous l'autel de Saint-Mansuet, c'est ce que nous ne saurions dire, faute de renseignements. L'étoffe trouvée avec les précieux ossements semblerait annoncer qu'ils ont été apportés d'orient, au XIe ou XIIe siècle, par quelque pèlerin ou peut-être par quelque croisé. La chape de saint Mexme aurait vraisemblablement la même origine : l'identité de l'étoffe du moins paraîtrait le prouver (1).

Nous terminons ici cette notice déjà bien longue sur Saint-Mexme et son monastère. Si nous réussissons à faire revivre dans quelques âmes le culte oublié du saint confesseur, de celui qu'on appela jadis la gloire et la lumière de Chinon, nous en bénirons Dieu, car c'est notre seul désir et notre unique ambition.

(1) Il y a tout lieu de croire que les reliques des saints apôtres reposent encore dans le lieu indiqué par dom Housseau. L'emplacement du sanctuaire de l'ancienne basilique transformé aujourd'hui en jardin, n'ayant été remué qu'à une faible profondeur, des fouilles habilement dirigées amèneraient vraisemblablement cette précieuse découverte que nous appelons de tous nos vœux.

FIN.

Tours, imp. J. Bouserez.

www.ingramcontent.com/pod-product-compliance
Ingram Content Group UK Ltd.
Pitfield, Milton Keynes, MK11 3LW, UK
UKHW020347220726
13923UKWH00004B/1579